¡Gooool!

Greg Roza

Traducción al español: José María Obregón

LECTURAS DEL BARRIO

Rosen Classroom Books & Materials™

New York

Miguel va a jugar fútbol.
¡A Miguel le gusta jugar fútbol!
Miguel corre con sus amigos.

El equipo rojo y el equipo azul están
en la cancha.
Los dos equipos están listos para jugar.
El entrenador hace sonar el silbato.

Miguel corre tras la pelota.
Miguel corre rápido.
Miguel toma la pelota.
—Pasa la pelota —dice Tomás.

Miguel le pasa la pelota a Kim.
—¡Buen pase, Miguel! —dice Kim.
Kim le devuelve la pelota a Miguel.

Miguel patea la pelota.
Va a la portería.
¡Miguel mete un gol!
—¡Gooooooool! —grita el equipo rojo.

¡El equipo rojo gana el partido!
Miguel está contento.
—Buen partido —dice el equipo azul.
¡Todos la pasaron muy bien!